Liderazgo y Administración

Manual para la administración pública

David Martínez

Pablo Trejo Pérez

Un hombre le preguntó a Einstein:
-¿Me puede Ud. explicar la Relatividad en términos sencillos?

A lo que Einstein respondió:
-¿Me puede Ud. explicar cómo se fríe un huevo?

El hombre lo miró extrañado y le contestó desafiante:
-Pues sí, sí que puedo.

A lo cual Einstein replicó:
-Bueno, pues hágalo, pero imaginando que yo no sé lo que es un huevo, una sartén, el aceite, ni el fuego.

Anécdota contada por Peter Senge en *La quinta disciplina*. Editorial Granica

CONTENIDO

Hacia una definición genérica del liderazgo 1

Las teorías del liderazgo 4

La importancia del liderazgo 16

Liderazgo y sistemas 22

El administrador como líder 36

El liderazgo del administrador: guía práctica 43

Este manual fue realizado con motivo de un Seminario en la **Universidad Autónoma de Santo Domingo** (UASD), en 2013.

I. Hacia una definición genérica del liderazgo

Uno de los principales problemas que se tiene al hablar de un tema consiste en definirlo, en delimitar sus alcances, poder decir "esto es el objeto al que nos referimos y más allá es otra cosa". Sucede con el concepto de liderazgo. No mentiríamos si decimos que no existe un concepto único de liderazgo, sino que puede ser definido en relación con referentes, geográficos, históricos y con la diversidad de objetivos y propósitos de los grupos u organizaciones de que se trate. Ahora bien, la concepción de liderazgo ha sido ampliamente debatida desde una óptica psicológica, sociológica y política.

A eso, sumémosle que en los últimos años han tendido a predominar nociones provenientes del mundo de la administración de negocios, preocupadas en lo esencial por la eficacia del liderazgo, entre las que podemos citar:

- Es un proceso de aprendizaje colectivo de las organizaciones, grupos o comunidades, en términos de construir una visión de conjunto sobre sí mismos, sobre sus intereses y fines, y sobre los medios para alcanzarlos de manera eficaz. Hablamos del conjunto de actividades y de relaciones y comunicaciones interpersonales, que permiten a una persona ejercer diversos niveles de influencia sobre el comportamiento de los miembros de un grupo determinado, consiguiendo que este grupo defina y alcance de manera voluntaria y eficaz sus objetivos. En esto, subyace la visión de que el ser humano es un ente con capacidad para definir sus objetivos, comunicarlos, identificar medios para conseguirlos y poner esfuerzo para lograrlos[i].

- Es el proceso de influencia entre un líder y sus seguidores para alcanzar objetivos organizacionales.

- Es la capacidad de proporcionar las funciones directivas asociadas con las posiciones de nivel superior[ii].

Estas definiciones permiten extraer cinco elementos que son constitutivos de cualquier definición de liderazgo: influencia, voluntad, comunicación interpersonal, capacidad de ayudar al grupo a definir y alcanzar objetivos, y superación y esfuerzo suplementario[iii].

Sin embargo, para muchos científicos, esta concepción va en contradicción con las tendencias predominantes en el conocimiento y práctica del liderazgo, en las que subyace la idea de que el mismo está sustentado en las condiciones de personalidad de los líderes y por tanto tiene relación directa con la existencia o no de carisma. Según Peter Senge *"los líderes son héroes, grandes hombres (y en ocasiones mujeres) que avanzan a primer plano en tiempos de crisis"[iv]. A lo que él contrapone: "Mientras prevalezcan estos mitos, reforzarán el énfasis en los hechos de corto plazo y los héroes carismáticos y no en las fuerzas sistémicas y el aprendizaje colectivo. La visión tradicional del liderazgo se basa en supuestos sobre la impotencia de la gente, su falta de visión personal y su ineptitud para dominar las fuerzas del cambio, deficiencias que sólo algunos grandes líderes pueden remediar"[v].*

De igual forma, Peter Drucker -el famoso gurú del managenemt- indica que el liderazgo *"es algo muy distinto de lo que hoy se nos presenta bajo este rótulo. Tiene poco que ver con las cualidades del líder y mucho menos con carisma. Es una cosa ordinaria, prosaica y aburridora. Su esencia es el desempeño"[vi].* En este sentido, agrega Senge: *"ya no basta con tener una persona que aprenda para la organización. Ya no es posible otear el panorama y ordenar a los demás que se sigan las órdenes del gran estratega. Las organizaciones que cobrarán relevancia en el futuro serán las que descubran cómo aprovechar el entusiasmo y la capacidad de aprendizaje de la gente en todos los niveles de la organización"[vii].*

Como se puede ver, hablamos de que el liderazgo tiene que ser adecuado y funcional con el tipo de organización de que se trate –sea esta un grupo religioso, una comunidad rural, un partido político o una sociedad determinada– y con la capacidad para que ese liderazgo produzca los efectos deseados, a saber, la consecución de los objetivos de la organización.

II. Las teorías del liderazgo

A. *Liderazgo, poder, autoridad: condiciones que brindan legitimidad al liderazgo.* Todos los estudios sobre liderazgo establecen relaciones básicas entre éste y las nociones de poder y autoridad. Ambas nociones, muchas veces confundidas en el saber común sobre el tema, muestran algunas diferencias importantes, especialmente cuando se habla de liderazgo político.

Como bien recupera José Luis Vega Carballo citando a Max Weber, el poder se refiere a la relación social en la cual se produce la probabilidad de que un actor social imponga su voluntad, incluso a pesar de cualquier resistencia, sobre otro actor[viii]. Este concepto es central en el ejercicio del liderazgo, dado que el uso de una determinada cuota de poder es condición básica para que la influencia del líder sea efectiva. Así, todo líder requiere poder para ejercer su liderazgo, con lo cual se establece que la búsqueda del poder es una condición natural al ejercicio del liderazgo.

Por su parte, la autoridad hace referencia a la capacidad de influir sobre las otras personas con base en un mandato dado por esas personas. Dado ello, toda autoridad implica el uso de una cuota determinada de poder, pero no toda persona que encarna un cargo de autoridad tiene poder efectivo. La autoridad, si es legítima, es decir, si ha sido otorgada por el grupo como resultado de esa suerte de contrato social o por el pueblo a través de instituciones como las elecciones, tiene la ventaja de que permite el uso de la fuerza por parte de quien detenta esa autoridad, para asegurar la consecución de los objetivos que sustentan el liderazgo[ix].

Fig. 1

Liderazgos

Figura 1. Relación entre liderazgo y autoridad. Fuente: IIDH/CAPEL

B. Liderazgo y Dominación. En general, cuando hablamos de poder y el liderazgo se debe partir de la comprensión de las formas de dominación; Max Weber señala básicamente tres tipos de dominación legítima, a saber la dominación legal, la dominación tradicional y la dominación carismática.

Tipo de Dominación	Concepto.
Dominación Legal.	Se da en virtud de la existencia de un estatuto, que establece que la obediencia de los seguidores no es hacia el líder o persona que detenta formalmente el poder, sino hacia la regla estatuida. Más aún, es la misma regla la que establece a quién y en qué medida se debe obedecer, obligando al líder a obedecer el imperio de esa ley o estatuto. Este tipo, dentro del cual su expresión técnicamente más pura es la burocracia, es sin duda alguna la forma de dominación que mejor responde a la idea que se tiene de la estructura moderna del Estado y de la democracia. Como parte de este tipo de dominación, la asociación dominante es elegida o nombrada, de acuerdo con procedimientos o mecanismos establecidos por la ley o estatuto. En este sentido, hay que afirmar que ninguna dominación legal es estrictamente burocrática, dado que ninguna es ejercida únicamente por funcionarios contratados, sino que los cargos más altos son usualmente designados por la tradición o electos por instituciones tales como el parlamento o el pueblo en general[x].
Dominación Tradicional.	Nace en virtud de la creencia en la santidad de los ordenamientos y poderes señoriales existentes desde siempre. Su tipo más puro es el dominio patriarcal, como tal poco frecuente en la historia actual de la región, dándose una relación entre señor -dominador- y súbditos -dominados-. La obediencia se da en virtud de la dignidad propia de la tradición, respondiendo a la idea

Tipo de Dominación	Concepto.
	de que el súbdito debe serle fiel al señor. Los únicos límites del ejercicio de este tipo de dominación lo son las normas de la tradición y/o el sentido de equidad que tenga el señor.
Dominación Carismática	Se da en razón de la devoción que sienten los seguidores en relación con el líder, dadas sus características personales, casi siempre extraordinarias. Así, desde las facultades mágicas y revelaciones de los profetas del pasado, hasta habilidades más políticas vinculadas al heroísmo, el poder intelectual o la capacidad oratoria, las cualidades personales se convierten en el factor que genera adhesión efectiva. En este sentido, la obediencia –condición inmanente a la dominación– se da sólo en relación con el caudillo, y esa obediencia durará mientras existan las cualidades personales del caudillo que son objeto de reconocimiento por parte de sus seguidores. Precisamente esa sujeción a la persona del caudillo hace que este tipo de dominación sea extremadamente inestable, al carecer de procedimientos ordenados para el nombramiento o sustitución del líder, al punto de que las instituciones políticas no existen sino es en relación con la vigencia del caudillo y su carisma. Al desaparecer el caudillo o perder su carisma, las instituciones se quiebran o desaparecen, dando paso a un nuevo orden, sea basado en un nuevo caudillismo o en otra forma de dominación.

Tabla 1. *Tipos de Dominación, según Max Weber*. Elaboración propia.

Los tres tipos de dominación expresan en sí mismos formas de ejercer el liderazgo; no obstante resulta poco frecuente encontrar casos reales que expresen literalmente el ejercicio de alguno de estos tipos, siendo lo más usual la combinación de características de uno u otro modelo. Así, por ejemplo, la autoridad o liderazgo carismático tiende –en el lenguaje de Weber– a diluirse en la rutina; es decir, a romper con su carácter inestable o efímero y a asumir características distintas a su naturaleza, ya sea de carácter racional –de dominación legal– o tradicional[xi].

De esta discusión, se extraen múltiples características. Vega Carballo, por ejemplo, sostiene que con la dominación el liderazgo adquiere una *"particular relación que se establece dentro de una coyuntura concreta y dinámica, entre una personalidad y una situación de grupo en el cual el objetivo central es la conquista y el control del Organización o de los instrumentos para influirla, por parte de ese grupo"*[xii].

C. *Tendencias recurrentes en el ejercicio del liderazgo*. En el ejercicio del liderazgo confluyen dos dimensiones claramente definidas, aunque complementarias: una subjetiva y otra objetiva. La subjetiva tiene que ver con las capacidades del individuo y sin lugar a dudas con el carisma; la objetiva hace referencia a la realidad que le rodea, con sus específicos y diversos problemas y necesidades.

La consistencia entre las capacidades del líder y las condiciones históricas en las cuales actúa es determinante. Dicho de otro modo, en el liderazgo contemporáneo confluyen los valores sociales imperantes y las capacidades o aptitudes personales para encarnarlo. De la habilidad que tenga el líder para poner sus condiciones naturales y sus capacidades aprendidas al servicio de los fines de la sociedad de que se trate, dependerá que ese liderazgo sea legítimo y eficaz. De igual modo, se extraen dos visiones claramente diferenciadas:

1. *El líder socio-emocional.* Es la persona que goza de la simpatía del grupo y está preocupado por la armonía grupal, responde al "factor de consideración". Este factor es el grado en que el líder responde a los miembros del grupo de forma afectuosa y amigable, implicando confianza mutua, apertura y disposición a explicar las decisiones. Esto ha sido llamado por Likert conducta centrada en el empleado[xiii].

2. *El líder de tarea.* Es la persona con las mejores ideas y que contribuye más al rendimiento del grupo, responde al "factor de iniciación de estructura". Este es el grado en que el líder organiza, dirige y estructura las metas del grupo, regula la conducta grupal y reduce las ambigüedades de los objetivos. Likert lo llamó conducta centrada en la tarea[xiv]. Este modelo ha propuesto una tipología del estilo de liderazgo que genera los tres siguientes:

- *Líder autoritario*: Es aquel que dirige y no permite la participación sobre la definición de los objetivos, selección de tareas y método. Manda y dirige sin tener en cuenta las opiniones de los demás. Es el último en tomar las decisiones -dice la última palabra- y sus decisiones son las que el grupo implementa.
- *Líder Pragmático*: Es aquel que no dirige ni interviene en los procesos del grupo, prácticamente está ahí esperando a que las cosas sucedan. Este tipo de líder es un artificio experimental que surge como consecuencia de una autoridad impuesta desde fuera, son líderes formales, indecisos y con falta de iniciativa.

- *Líder democrático*: Es aquel que permite la participación de todos los miembros, coordina más que dirige, tiene contactos frecuentes con los sujetos, los asesora, y permite que las decisiones sean el producto de todo el grupo.

Autoritario	Pragmático	Democrático
1. El líder es quien determina la política	1. Completa libertad para la decisión de grupo o individual, con un mínimo de participación del líder.	1. Todas las políticas son cuestiones de discusión y decisión en grupo orientadas y animadas por el líder.
2. La técnica y los pasos de las actividades son señalados por la autoridad, uno por uno, de manera que los futuros pasos son siempre inciertos hasta cierto punto	2. Diversos materiales proporcionados por el líder que aclara que él o ella habrán de dar información cuando se les pida. Mínima participación en discusión de trabajo.	2. Perspectiva de actividad adquirida durante el período de discusión. Se trazan los pasos generales para alcanzar metas del grupo, y cuando se requiere asesoría técnica, el líder sugiere dos o más alternativas de donde se elige
3. El líder por lo general señala la tarea o trabajo específico y compañero de trabajo para cada miembro	3. Muy poca participación de parte del líder para determinar trabajos y compañeros de trabajo.	3. Los miembros están libres para trabajar con quien prefieran, y la división dependerá de la decisión del grupo.

Tabla 2. *Tipos de Liderazgo, basados en la Tarea.* Elaboración propia.

El autoritarismo tiene una suerte de relación de causa y efecto con el excesivo personalismo. Prevenir el retorno de las tentaciones autoritarias pasa necesariamente por la creación de organizaciones fuertes, estables y sustentables. Como bien dice el catalán Joan Prats, "*no hay reforma institucional verdadera sin líderes ni emprendedores. La teoría del cambio institucional indica que este se producirá* cuando un número suficiente de actores perciban que una nueva institucionalidad puede sustituir a la precedente gozando de mayor apoyo y legitimidad. En lugar de buscar salvadores, deberíamos pedir un liderazgo que nos desafíe a enfrentar los problemas que no tienen soluciones simples e indoloras, los problemas que exigen que aprendamos nuevos métodos. Para enfrentar estos desafíos nos hace falta una idea diferente de liderazgo y un nuevo contrato social que promueva nuestra capacidad de adaptación"[xv].

D. Hacia un nuevo liderazgo. En un libro titulado *El líder del futuro*, Peter Drucker plantea que la autoridad y el poder no son suficientes para que las personas realicen lo que deben hacer. Para él, está claro que hay que romper con esa visión un poco estática de los lideres. En su concepto de liderazgo, tener autoridad y poder de manera formal, no basta para convertirse un líder. Quien en las organizaciones públicas o privadas detenta la autoridad y el poder, no necesariamente es un "líder". Un líder es aquel que se hace, básicamente, tres preguntas. *¿Qué Información debo tener antes de actuar? ¿Cómo convierto ese conocimiento en acciones eficaces? ¿Cómo logro la implicación en el proyecto de toda la organización?*[xvi] Estas preguntas, a través del famoso método socrático (la mayeútica) se transforman en 8 grandes preguntas que facilitan la toma de decisiones.

1. Preguntarme... ¿qué hay que hacer? 2. Preguntarme... ¿qué le conviene a la empresa?	**¿Qué Información debo tener antes de actuar?**

3. ¿Desarrollo Planes de Acción? 4. ¿Asumo la responsabilidad de mis decisiones? 5. ¿Asumo la responsabilidad de comunicar? 6. ¿Me centro en las oportunidades en lugar de en los problemas?	**¿Cómo convierto ese conocimiento en acciones eficaces?**
7. ¿Conduzco reuniones productivas? 8. ¿Pienso y digo 'nosotros' en lugar de 'yo'?	**¿Cómo logro la implicación en el proyecto de toda la organización?**

Tabla 3. *Las tres preguntas sobre el Líder del futuro.* Elaboración propia.

Para Drucker, ser un líder en el mundo contemporáneo requiere de transformar las actitudes hacia el cambio y la toma de riesgos, adoptar y asimilar tradiciones y compromiso. Se debe, a fin de cuentas, comprender lo conceptualizado y asimilarlo en la cultura de la organización. Este punto es muy importante, dado que no sólo requiere cambiar el conocimiento y las actitudes sino también la estructura relacional, social y organizacional[xvii].

Las tesis de Drucker aportan un elemento significativo para que el líder sea eficiente y eficaz: la necesidad de que conozca el contexto organizacional y social en el que actúa, como condición para que incorpore destrezas que favorezcan la obtención de los objetivos comunes. Este factor implica que cada contexto y cada problema posiblemente demande destrezas y capacidades diferentes, lo cual tiende a ratificar que para la consecución de los objetivos organizacionales y sociales se requiere sumar los esfuerzos de todos los miembros de esa organización o sociedad

En este debate sobre el liderazgo en el mundo contemporáneo, Daniel Goleman, aporta lo que se denomina *Inteligencia emocional*, entendida aquí como la capacidad para comprender e interrelacionarse con los demás. La inteligencia emocional se refiere a la capacidad de sentir, entender, controlar y modificar estados emocionales en nosotros mismos y en los demás[xviii].La inteligencia emocional no consiste en sofocar las emociones, sino mas bien en saber dirigirlas y equilibrarlas. Es una fuerza potente en sí misma, y es indispensable para poder llevar a cabo ciertas actividades relacionadas con la mente: control de calidad, desarrollo de competencias y valoración.

Así, la inteligencia emocional se expresa en varias dimensiones[xix]:

1. En el plano individual: Es posible identificar, evaluar y aumentar los elementos de la inteligencia emocional
2. En el plano grupal: Se tiene que afinar la dinámica interpersonal que torna mas inteligentes a los grupos
3. En el plano organizacional: Revisar las jerarquías de valores para dar prioridad a la inteligencia emocional, en términos concretos de contratación, capacitación y desarrollo, evaluación de desempeño y ascensos.

En estos tiempos; las empresas cuya gente colabore mejor tendrán ventaja competitiva, y es por lo tanto que la inteligencia emocional es muy importante.

Los hallazgos de Goleman son muy importantes, dado que la inteligencia emocional es lo que permite que los líderes logren sincronizar los objetivos de la organización, con los individuales, de cada uno de los integrantes de su grupo.

Ello facilita el trabajo en equipo; y a la vez potencia la unidad de objetivos de conjunto. El clima emocional de una empresa, depende entre un 50 y un 70% del líder.

Entonces, usando la inteligencia emocional los líderes deben promover y fomentar la creación de una visión de grupo; esta visión no es la suya, es la del equipo, a la cual se llega a partir de un ejercicio de creación colectiva; difícil de lograr cuando predomina la arrogancia personal en muchas de nuestras organizaciones. En este marco, los intereses del cada individuo están sincronizados con los intereses de líder y en armonía con los de la organización, así no sean iguales. Por eso Goleman sostiene que un líder, ante todo, debe ser un soñador con los pies en la tierra. Para lograr sostenerse y mantener el dinamismo el líder debe esforzarse para que el ingrediente de la creatividad e innovación estén a la orden del día dentro de su equipo. Un líder es un negociante de esperanza; esto significa que debe tener una habilidad genuina para lograr mantener prendida la llama, de forma continua y creciente, de la energía positiva en el corazón de los integrantes de su grupo.

Está última parte, el líder que mantiene el dinamismo, sirve para introducir el estudio de Jorge García Osegueda, quien sostiene que la labor principal del líder es proveer una *visión de futuro*[xx]. Esa visión, sólo es posible cuando se orientan el esfuerzo individual de superación a través de esfuerzos colectivos. En sí, ello sucede cuando el líder se da cuenta de mucha parte de su trabajo es saber qué delegar. Para ello, antes debe preocuparse por[xxi]:

- Formar líderes que formen líderes.

- Un líder puede ser agente de mejora significativa no sólo en su propio beneficio, si no también de su propia comunidad.
- Así como la democracia evoluciona y cambia, un líder también debe hacerlo.

Lo que se pretende no nada más es que el líder se adapte al cambio. Más bien, pretende que las organizaciones aprendan, cambien y se adapten permanentemente. Una nueva cultura que el propio líder debe implantar. La cultura de la evolución permanente. Cada columna o pilar de nuestra organización tiene un alcance limitado, de la misma forma en que cada día se produce nuevo conocimiento. Por eso, el principio de toda organización, según García Osegueda debe ser: *"lo que sé hoy es menos de lo que sabré mañana"*. La finalidad del liderazgo, a través de esa visión de futuro, es crear mejores seres humanos y mejores instituciones. Pero como el mundo cambia cada día, en la medida en que estamos más adaptados al cambio, podemos crecer.

III. La importancia del liderazgo.

Que el cambio es una constante en la vida, lo pueden atestiguar las micro, pequeñas y medianas empresas (MiPyMEs): constituyen la columna vertebral de la economía nacional por su alto impacto en la generación de empleos y en la producción nacional. Ampliemos un poco el foco: de acuerdo con datos del Instituto Nacional de Estadística y Geografía (INEGI), en México existen aproximadamente 4 millones 15 mil unidades empresariales, de las cuales 99.8% son MiPyMEs que generan 52% del Producto Interno Bruto (PIB) y 72% del empleo en el país[xxii].

Sin embargo, el principal problema que enfrentan estas empresas -siempre según los datos del INEGI- es que el 82.5% de mismas desaparecen antes de los 2 años, con el consecuente impacto en los pequeños empresarios y la economía en su conjunto. Y aunque es natural que cierto número de empresas estén destinadas a desaparecer, el análisis de algunas cifras lo que nos indican es que, en el caso de México, la mortalidad es alta. ¿Qué sucede? ¿Qué es lo que está mal en el desarrollo de las MiPyMEs?

A esta materia se le han dedicado varias investigaciones, y exceden -por mucho- el objeto de este ensayo. Pero no mentiríamos si decimos que lo que está faltando es crear condiciones para el crecimiento de las MiPyMEs. También, desde la óptica de este ensayo, podríamos decir que muchas de las condiciones que limitan el crecimiento de las MiPyMEs tienen que ver más con ciertas formas de ser y hábitos que tenemos como empresarios, clientes y proveedores, más que con factores externos propiamente. Resumiendo: falta, en muchos sentidos, el factor de resilencia. Allí es donde hacemos la diferencia.

E. Resilencia: la ardiente paciencia. La resilencia es la capacidad para afrontar la adversidad y lograr adaptarse bien ante las tragedias, los traumas, las amenazas o un contexto severo. El camino que lleva a la resilencia no es un camino fácil, implica un considerable malestar emocional. Implica una serie de conductas y formas de pensar que cualquier persona puede aprender y desarrollar.

Las personas resilentes poseen tres características principales: saben aceptar la realidad tal y como es; tienen una profunda creencia en que la vida tiene sentido; y tienen una inquebrantable capacidad para mejorar. Tienen un optimismo realista. Es decir, no se dejan llevar por la irrealidad o las fantasías[xxiii].

Habilidades
<table><tr><td>• Son capaces de identificar de manera precisa las causas de los problemas para impedir que vuelvan a repetirse en el futuro. • Son capaces de controlar sus emociones, sobre todo ante la adversidad y pueden permanecer centrados en situaciones de crisis. • Saben controlar sus impulsos y su conducta en situaciones de alta presión.</td><td>• Se consideran competentes y confían en sus propias capacidades. • Son empáticos. Es decir, tienen una buena capacidad para leer las emociones de los demás y conectar con ellas. • Son capaces de buscar nuevas oportunidades, retos y relaciones para lograr más éxito y satisfacción en sus vidas.</td></tr></table>

Tabla 4. Las habilidades de la gente resilente. Elaboración propia a partir de Joseph Rost.

La resilencia implica ser ser realista, exacto y flexible. Cometer menos errores de pensamiento (como la exageración o conclusiones precipitadas) e interpretar la realidad de un modo más exacto. Pero sobre todo, implica actuar.

F. Liderazgo y resilencia. Cualquiera estaría de acuerdo si afirmamos que la adversidad supone la verdadera prueba del liderazgo. Muchas de las lecciones más valiosas que nos ofrece la vida surgen de ella. Entonces, el liderazgo resilente supone tener el valor de actuar, el deseo de asumir la responsabilidad por las decisiones tomadas independientemente del resultado y la habilidad de generar confianza y fidelidad a través de un comportamiento íntegro[xxiv].

Valores de Liderazgo y resilencia	Integridad	Comunicación
Características	**Honestidad:** para llegar a ser una persona honesta hay que ser sincero, cumplir las promesas, no hacer trampas ni decir medias verdades. **Virtud:** considerada, tal como defendían los filósofos griegos, como moralidad, justicia y vida ética **Auto-disciplina:** entendida como la aceptación de las propias responsabilidades y la capacidad de seguir adelante. **Reflexión** que implica aprender de los éxitos, buscar cómo repetirlos, aprender de los fracasos y ser mejor a causa de ellos no a pesar de ellos.	**I.- Escuchar antes de hablar.** Aristóteles decía que antes de que puedas persuadir a alguien utilizando la lógica, primero hay que escuchar tanto su punto de vista como su dolor. Creía que la credibilidad del orador aumentaría al reconocer los puntos de vista de la otra persona. Por lo tanto, antes de poder persuadir a alguien sobre algo primero tenemos que tener credibilidad. **II.- Tener el coraje de decir la verdad.** El silencio es peligroso, ya que si el líder no facilita la información otro lo hará, normalmente la persona que es menos de fiar. La información es poder por lo que se debe compartir. La comunicación supone obtener y compartir información y la información es un pilar de la confianza en la que el liderazgo se debe apoyar para mantenerse. Es mejor que te atrapen en un error que en una mentira. Los discursos valientes pueden movilizar los sentimientos de los colaboradores. Los discursos deben ser valientes, sencillos y directos. El líder resiliente debe tener el coraje de hablar aunque el mensaje no sea positivo para él ni para otros. **III.- Utilizar la empatía,** ya que esta es el secreto para conectar con las personas. Al mostrar empatía el interlocutor se siente comprendido y es más fácil que

Valores de Liderazgo y resilencia	Integridad	Comunicación
		surja la confianza.
Recomendaciones	I.- Cómo consigues los objetivos importa tanto o más que el resultado que finalmente alcanzas. II.- El legado que dejaremos no se construye con lo que adquirimos en nuestra vida, sino en lo que dejamos. III.- El triunfo es valioso si no se pierde la integridad en el proceso. IV.- Si parece que no es correcto y necesitas excusas par justificar por qué lo haces, no lo hagas. V.- Habrá ocasiones en las que no podamos prevenir las injusticias pero nunca debemos dejar de denunciarlas. VI.- Responsabilizarnos de nuestras acciones cuando las cosas no salen bien es un signo de fortaleza e integridad. VII.- Si damos nuestra palabra la tenemos que cumplir. Las promesas no tienen fecha de caducidad.	I.- Interesar al interlocutor. Transmitir el deseo sincero de aprender qué es lo que quiere decir. Para ello no hay que demostrar ninguna sensación de prisa y mirar fijamente a los ojos mientras manifestamos nuestro interés por saber qué es lo que nos quiere decir. II.- Escuchar atentamente, no sólo a lo que se dice sino cómo se dice. III.- Intentar identificar y etiquetar la emoción que está detrás de las palabras y dejar que se exprese. IV.- Dar feedback sobre lo escuchado, resumiendo con nuestras propias palabras lo que creemos que nos quiere transmitir. V.- Agradecer al interlocutor que haya empleado tiempo en compartir su perspectiva. Señalando que su aportación ha sido valiosa e indicando, si resulta conveniente, qué medidas de seguimiento se van a adoptar para tener en cuenta sus preocupaciones.

Tabla 5. Valores del Liderazgo Resilente, según Joseph Rost. Elaboración propia.

En situaciones de crisis la escucha activa es fundamental. Tal cual considera Goleman, el líder es comprensivo cuando puede identificar de forma empática y expresar verbalmente lo que están experimentando sus colaboradores, siendo más fácil que éstos estén dispuestos a seguir las directrices del líder[xxv]. Esto conlleva lecciones importantes sobre el comportamiento del líder. A saber:

1. Información sobre los hechos y las tareas a realizar.

2. Tranquilidad, dentro de lo posible y transmitir esperanzas sobre un posible resultado positivo, pero sin hacer promesas que no se puedan cumplir

3. Dirección precisa sobre las acciones que se tienen que emprender, cuándo se van a realizar y por quién.

4. Motivación para realizar las acciones necesarias.

5. Sentido de cohesión y apoyo dentro del grupo.

IV. Liderazgo y Sistemas

Un sistema es comprendido como un conjunto de elementos integrados, organizados que se interrelacionan entre sí y su medio, de tal manera que forman un todo. Los sistemas pueden ser abiertos (vivos); como el sistema llamado hombre-máquina, o cerrados (no vivos) como una máquina por ejemplo, por lo tanto la organización y cada una de sus partes no pueden sobrevivir como entes aislados y cerrados.

En la organización, tener una visión sistémica es la capacidad para analizar a la organización, tanto en sus partes como en su todo y las relaciones de interdependencia que tiene con el entorno[1].

Los sistemas se integran de subsistemas, los cuales son un sistema de sí mismos por ejemplo, dentro de una empresa, ventas, mercadotecnia, producción, finanzas, recursos

---

1   Véase Wendell, French, et al. (1996). *Desarrollo organizacional*. México. Prentice Hall.

humanos, calidad, informática son interdependientes, y un cambio o un problema en cualquiera de ellos afecta a los demás. Por lo tanto, tienen una interdependencia y se deben coordinar entre sí para funcionar como un todo.

La organización tiene una relación de interdependencia con otros sistemas del medio que la rodea como por ejemplo los accionistas, los clientes, los proveedores, los acreedores, la competencia, el gobierno, los sindicatos, la comunidad, la naturaleza, etc. y por ende también un cambio en cualquier de éstos afectarán a la empresa[2].

Comprender la forma en que funcionan los sistemas, cómo actúa la organización como un sistema, y el papel del líder sistémico son puntos, por tanto, indispensables para entender la forma en que se debe ejercer el liderazgo en el siglo XXI.

II. La teoría de sistemas

El enfoque de teoría de sistema nace como una herramienta con enfoque interdisciplinario, para apoyar a las organizaciones a comprender y adaptarse a los cambios del medio ambiente o entorno en donde se desenvuelve.

Esta Teoría se fundamenta en[3]:

1. Los sistemas existen dentro de sistemas (subsistemas) Los sistemas son abiertos.

2. Las funciones de un sistema dependen de su

---

2   Wendell, op cit.

3   Bertalanffy, Ludwig, von, et al. (1980). *Teoría general de sistemas*. México: Fondo de Cultura Económica.

estructura.

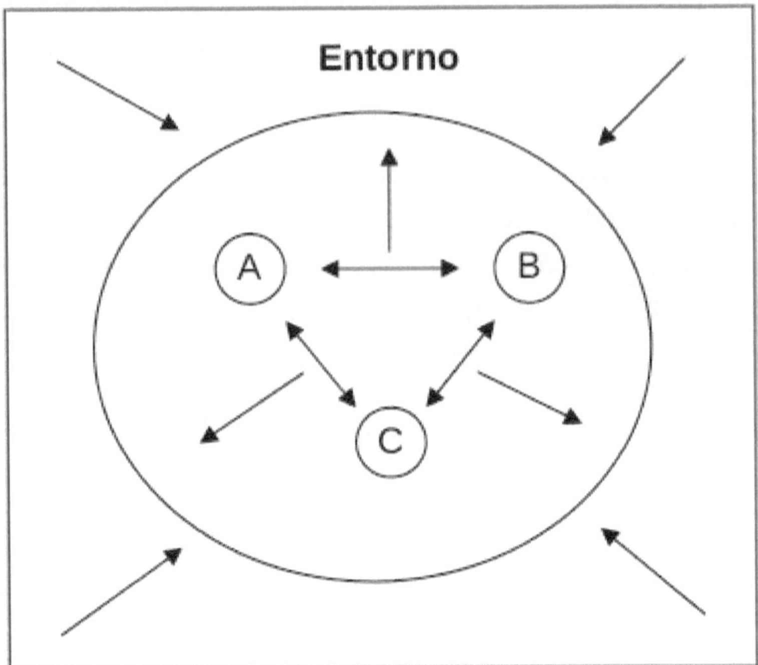

Figura 1. *Ilustración gráfica sobre la teoría de sistemas.* **Fuente**: UNAM, Facultad de Contaduria, 2019.

Todo sistema debe: ser estable para hacer frente a situaciones externas, adaptable a los cambios de su entorno, ser eficiente para alcanzar los objetivos propuestos a través de la sinergia que es la suma de energías individuales enfocadas a un fin común.

Concepto	Definición
Propósito	Un sistema tiene uno o más propósitos, las unidades o elementos y las relaciones, definen una distribución para alcanzar un

	objetivo.
Proceso dinámico	De interacción entre las partes, que ocurre dentro de la estructura de una organización.
Partes básicas	Un sistema se forma por cinco partes; entrada, proceso, salida, retroalimentación, y ambiente.
Transformación	Lo que entra al sistema es modificado, por ello la salida difiere de la forma en que entra.
Homeostasis	Es el equilibrio dinámico entre las partes del sistema,esto quiere decir la tendencia de los sistemas a adaptarse con el fin de alcanzar el equilibrio internofrente a los cambios externos del medio ambiente.
Entropía	Es la tendencia que los sistemas tienen al desgaste, a la desintegración o a un estado de desorden.
Multimotivacional	El producto final de un sistema puede ser motivado por diversos deseos o motivos.
Multivariable	Un evento puede ser causado por numerosos factores que están interrelacionados e interdependientes.
Subsistemas	Estos conjuntos o partes pueden ser a su vez sistemas, cuando se indica que el mismo está formado por partes o cosas que forman el todo estos serían de un rango inferior al del sistema que componen.
Macrosistema	Los subsistemas forman o componen un sistema de un rango mayor.

Tabla 6. *Características de los sistemas*[4].

Los elementos de los sistemas son[5]:

---

4   Elaboración propia con base en Bertalanffy.

5   Bertalanffy, op. cit

- Entrada: es el inicio del proceso del sistema, integradas por personas, energía, materia, información o estímulos.

- Proceso: es la transformación del elemento de entrada al sistema, es el mecanismo de conversión de las entradas en salidas.

- Salida: es el resultado del proceso, el objetivo por el cual reunieron elementos y relaciones del sistema, y puede ser un producto, un servicio o una reacción

- Retroalimentación: Tiene como función del sistema controlar el resultado con un criterio o un estándar previamente establecido.

- Ambiente: Es el medio que envuelve externamente el sistema.

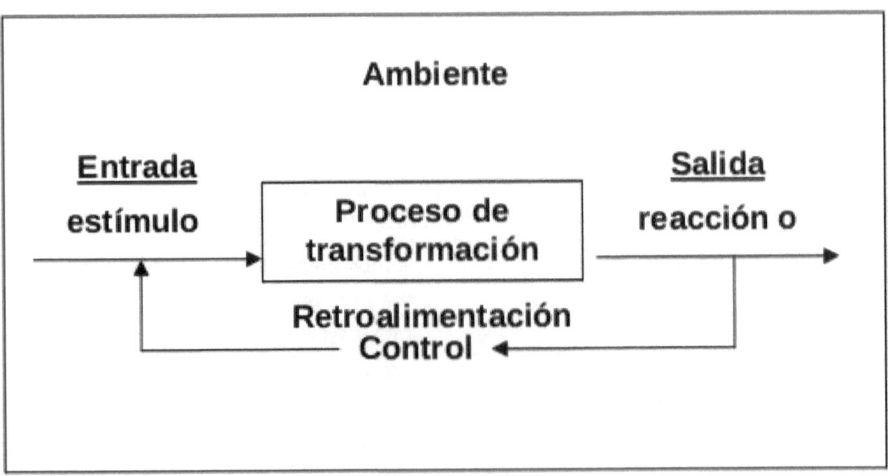

Figura 3. *Ilustración gráfica de los elementos del sistemas.* **Fuente**: UNAM, Facultad de Contaduria, 2019.

Las funciones de los sistemas o subsistemas:

1. Cumplir con los fines y objetivos establecidos.

2. Adaptarse a los cambios del medio ambiente.

3. Mantener un equilibrio interno.

4. Integrar la cohesión grupal.

5. Desarrollar la creatividad de las personas.

III. *El papel del líder dentro del sistema.*

El líder sistémico debe visualizar en forma integral la interacción de los elementos que identifican a la personalidad de una organización. Estos elementos son siete y su interacción puede apreciarse en la siguiente figura.

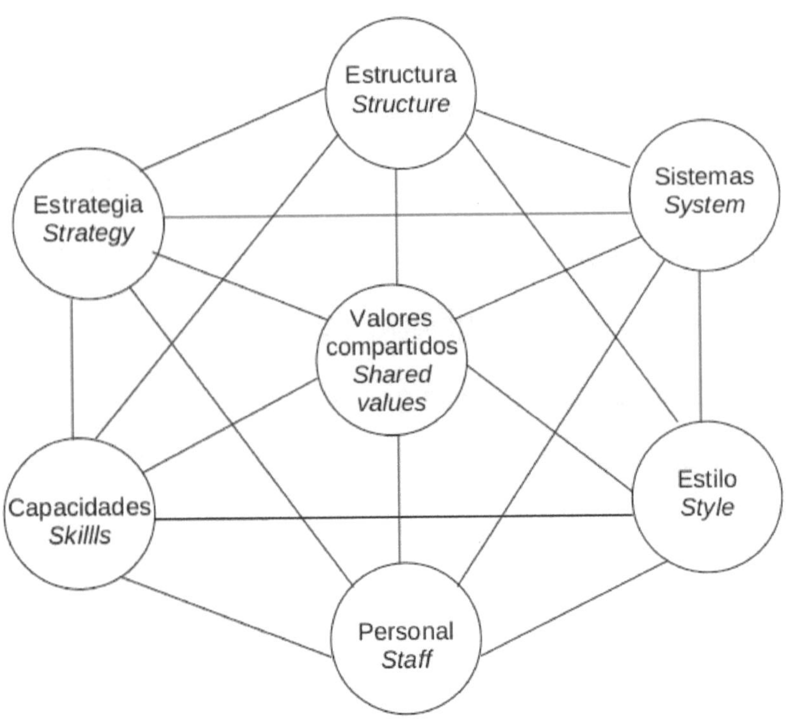

Figura 4. *Ilustración gráfica dela Teoría de las Siete S*. **Fuente**: UNAM, Facultad de Contaduria, 2019.

Como se puede apreciar, en el esquema se establecen las siete eses, porque en idioma inglés empiezan con S[6]. Este esquema ha ayudado a explicar –en forma sistémica– el pensamiento acerca de la estrategia y la estructura de una organización y también acerca del estilo de liderazgo, sistemas, personal, destrezas y valores compartidos.

La cultura organizacional o la forma en que se hacen las cosas; son los valores compartidos y también son el eje en torno al cual se interrelacionan las demás variables. De esto ya hemos hablando mucho en *El liderazgo en tiempos del*

---

6   Véase McKinleyville: *Cómo se logra el liderazgo*, en The Special Edge, vol. 19, NO. 3, verano   de 2006, disponible en línea: http://www.calstat.org/publications/pdfs/06sumS.pdf

cambio.

Derivado de este enfoque, Peter M. Senge (1994), escritor norteamericano y asesor en el MIT (Massachusetts Institute of Technology), proyecta un enfoque defensor de las organizaciones que aprenden en su libro *The Fifth Discipline* (La Quinta Disciplina) y destaca las competencias que deben crear organizaciones de aprendizaje. A esto se le llama VECAM (Acrónimo de Visionar, Estructurar, Crear, Aprender y Mejorar)[7]:

- Es consensuado (más que participativo) pues todos los colaboradores diseñan la estrategia mediante aportes y propuestas en las que todos están de acuerdo (metodológicamente y no por democracia ni por imposición), y la ejecutan confiados en el buen desempeño de los roles tanto de sí mismos como de los demás, porque conocen el alcance y la relación de dichos roles particulares en función del logro de los objetivos globales.

- Es transparente pues desde un principio son claras las expectativas, los compromisos y las implicaciones de todos y cada uno de los colaboradores frente al desarrollo de la estrategia.

- Es anticipado, porque implica una planeación por escenarios frente a situaciones imprevistas (incluyendo los problemas potenciales), análoga a la que hacen las brigadas de emergencia en las empresas o a los planes de choque en los proyectos, en donde cada quien sabe qué hacer bajo dichas

---

7   Véase Peter Senge (1994), *La Quinta Disciplina*, Madrid. Taurus.

circunstancias.

- Es un proceso acéfalo, basado en que cada uno asumirá su propia responsabilidad para facilitar la toma de decisiones. El rol protagónico se traduce en que los miembros de la organización están prestos a apoyarse de manera sinérgica. De esta manera, podemos decir que el líder trasciende y forma también un equipo líder. Una gran diferencia.

- Es polivalente pues en concordancia con el punto anterior, si en determinado momento se requiere el apoyo e incluso un reemplazo. Es decir, se sabe quién puede asumir un rol, y se redistribuyen las cargas entre todos mientras se requiera.

- Es humano, porque sin perder de vista el horizonte de los objetivos, se reconoce y se trata a los colaboradores como personas dignas de respeto, de comprensión, y -sobre todo-, dignas de fe en sus capacidades y compromisos.

- Y por último, es de reconocimientos compartidos porque gracias a la claridad en cuanto a que el trabajo y el esfuerzo es de todos y para todos, los aprendizajes, las mejoras, y los logros son también de todos.

Así, el carácter sistémico transforma el concepto del liderazgo. Al respecto hay que tener en cuenta que[8]:

- El hombre es un ser dinámico es un sistema libre.

---

8   Fred R. David (2008). *Conceptos de administración estratégica*. México Pearson Prentice Hall.

- Toda organización es un sistema cooperativo.

- En las organizaciones, la relación entre jefe y colaboradores es un sistema abierto.

- Liderazgo y obediencia son actividades que se alternan.

- El liderazgo es un sistema cooperativo.

Como vemos, se puede hablar del liderazgo desde una consideración sistémica de las organizaciones y de las tareas directivas o gerenciales. El líder sistémico debe pensar en el liderazgo como un sistema de colaboración, en que la acción de dirigir sea recíproca -de modo que la relación de mandar y obedecer; de mandato y obediencia- sea alternativa o tal vez interactiva[9].

Además, no se puede hablar de un líder sistémico -acentuando su dimensión social- si la comunicación en la organización, es decir, entre todos sus miembros o integrantes, no se hace una realidad compartida.

IV. El papel del liderazgo sistémico en la solución de problemas

Resulta de vital importancia que el líder tenga una visión importante para analizar problemas y tomar decisiones. Cuando un líder reconoce la naturaleza de un problema y entiende lo que puede hacer al respecto, considerando alternativas posibles, llegando a una conclusión para tomar

---

9   De ello hablamos bastante en *El liderazgo en tiempos del cambio.*

decisiones, implementando los sistemas y medios para moverse hacia la acción y poner en efecto la decisión, entonces se está hablando de un liderazgo eficaz, orientado a lograr objetivos.

Un problema es simplemente una dificultad que lleva a lo que es discutible, cuestionable o dudoso. Ya se ha mencionado que el liderazgo es el impacto o la influencia que tiene una persona en la conducta de otros. En este caso, los miembros de una organización. En primera instancia, para comprender el caos es importante que el líder ejerza su poder de influencia para plantear un problema, analizar alternativas de solución, tomar una decisión y ejercer las acciones que sean necesarias para resolver el problema.

La función máxima de los dirigentes, tanto en la vida familiar, como en la administración de empresas y negocios es la toma de decisiones. Un jefe, un ejecutivo, es por definición, el que toma las decisiones. Más aún, un modo sencillo para conocer y valorar el nivel jerárquico real de una persona dentro de una institución, es averiguar qué papel juega en el proceso de toma de decisiones.

En cualquier escenario de la vida, cuando las decisiones se llevan sistemáticamente, se toman bien, se logra con facilidad la satisfacción de todos y la organización marcha sobre ruedas. De lo contrario, se gestan, desarrollan y proliferan marañas de problemas, acusaciones mutuas, resentimientos, pérdida de motivación, y al cabo de todo, ineficiencia y caos.

El análisis de problemas y la toma de decisiones, como toda actividad humana importante, involucra a la persona en su totalidad; determinación, resolución, audacia, disciplina, ponderación, claridad de ideas y propósitos, seguridad, dedicación, compromiso y renuncia.

Desafortunadamente, en esta carrera hacia la superación y madurez, queda siempre a los individuos la alternativa de marginarse, evadirse, en una palabra: no decidir sino buscar que otros decidan por uno. Por ello, el verdadero reto del liderazgo sistémico es emprender una verdadera reeducación de la organización[10].

Los problemas no deben quedarse estáticos, es necesario que la influencia del líder sobre la conducta de otros, sus seguidores o subalternos, permita la toma de decisiones. Una decisión es *"la enunciación de un curso de acción con el firma propósito de llevarlo a cabo [...] Una determinación a la que se llega después de deliberar"*[11].

Un líder y sus seguidores deben utilizar a una herramienta importante para analizar problemas, considerar alternativas, llegar a una conclusión y moverse a la acción, para darle solución a los problemas. Llamaremos a herramienta *El método de los Cinco Pasos*, donde narramos la forma en que se puede convertirse en un líder sistémico de forma sencilla y practica[**].

---

10 Véase Robbins, Stephen. (2004). *Comportamiento Organizacional*, México. Pearson Educación.

11 Es de lo que nos habla Gustavo Vázquez en su libro de 1980, *Administración de los sistemas de producción.*, editado por Limusa

** Es una herramienta diseñada a partir de los postulados de observación a un sistema, utilizando la mayeútica socrática para obtener mejor información sobre el reto que se nos presenta. Evidentemente, puede modificarse dependiendo de cada casa y de las propias características de la organización.

Los cinco pasos para el líder sistémico	
Primer paso: Ver cuál es el problema	a) ¿Cuál es la situación? (qué, quién, por qué). b) ¿Qué factores en la situación son importantes y deben ser tomados en cuenta? c) ¿Cuáles son los problemas específicos por decidir?
Segundo paso: Considerar alternativas posibles	a) Encararse a la situación y al problema delineado. ¿Cuáles son los posibles caminos de acción y las razones para cada uno? b) ¿Qué lazos parecen unir al grupo? ¿Sobre qué hay avenencia de hechos, principios u objetivos? c) ¿Cuáles son las diferencias principales, si las hay, sobre realidades, objetivos, principios, deseos?
Tercer paso: Exploración de diferencias respecto a hechos y puntos de vista	a) ¿Qué información adicional se requiere? ¿Cómo puede ser obtenida? b) ¿Pueden ser discutidos los distintos puntos de vista?
Cuarto paso: Llegar a una conclusión	a) ¿Qué decisión tomará mejor en cuenta los factores pertinentes, los propósitos y deseos del grupo, los varios puntos de vista? b) ¿Cuáles son las razones para esta decisión?
Quinto paso: moverse hacia la acción	a) ¿Cuáles son los sistemas y medios de poner en efecto la decisión? b) ¿Cuáles son los pasos siguientes? ¿De quién son responsabilidad? ¿Qué, dónde, cómo?

Tabla 7. *Características del método de los Cinco Pasos.*

Como se ve, un líder sistémico es aquel que sabe equilibrar la interacción de sus habilidades técnicas, humanísticas y conceptuales para modelar la relación tanto al interior como al exterior de de la organización. Es un líder que aprende a lidiar con el caos y que usa la complejidad para beneficio de su organización. Tiene que equilibrar en forma consistente sus habilidades para anticipar los efectos del caos (coordinando las interrelaciones presentes y futuras), de manera que le permita diseñar los sistemas de apoyo necesarios. Ni más ni menos, de eso se trata el Liderazgo Sistémico: de una alternativa para la gestión de los escenarios actuales.

V. El administrador como líder

Un agudo observador se preguntará cómo se forma a un líder. Las conclusiones nos acercarían al mundo de la educación. Es allí donde están los lideres del futuro y es ahí donde debemos reconocerlos.

El liderazgo evolutivo: un liderazgo centrado en el aprendizaje

Quiere decir que al formar líderes, debemos, entonces, hablar de la educación. El enfoque se centra en el aprendizaje. Un liderazgo para el aprendizaje toma como núcleo de su acción la calidad de enseñanza ofrecida y los resultados de aprendizaje alcanzados por los alumnos. El asunto prioritario es, pues, qué prácticas de la dirección escolar crean un contexto para un mejor trabajo del profesorado y, conjuntamente, de todo el establecimiento educacional, impactando positivamente en la mejora de los aprendizajes del alumnado. En este sentido, se dice que "*la mejora es más una cualidad de la organización, no de caracteres preexistentes de los individuos que trabajan en ella"*; por eso mismo, el liderazgo ha de ser concebido como algo separado de la persona y del papel que esa persona pueda desempeñar en un momento determinado[xxvi].

El liderazgo está en la escuela y no en la persona del director; que ha de construir su propia capacidad de liderazgo. Las dimensiones transformacionales del liderazgo (rediseñar la organización), junto con el liderazgo instructivo o educativo (mejora de la educación ofrecida), en los últimos años han confluido en un liderazgo centrado en el aprendizaje (del alumnado, del profesorado y de la propia escuela como organización). Más específicamente se entiende como un liderazgo centrado-en o para el aprendizaje. Esta perspectiva no es un modelo más de los que han desfilado en torno al liderazgo sino que expresa, en el contexto escolar, la dimensión esencial del liderazgo. Ahora bien, los efectos exitosos del liderazgo en el aprendizaje de los alumnos dependerán mucho tanto de las prácticas desarrolladas, como de que el liderazgo esté distribuido o compartido, así como de sus decisiones sobre en qué dimensiones de la escuela dedicar tiempo y atención. El liderazgo para el aprendizaje implica en la práctica, al menos, ciertos principios[xxvii]:

> 1. Establecer una dirección (visión, expectativas, metas del grupo). Los directores efectivos proveen de una visión clara y un sentido a la escuela, desarrollando una comprensión compartida y misión común de la organización, focalizada en el progreso de los alumnos. Para esto desarrollan prácticas tales como: identifica nuevas oportunidades para la organización, para motivar e incentivar al personal para conseguir las

metas comunes. Esto implica establecer valores y alinear al staff y a los alumnos de acuerdo con ellos.

2. Desarrollar al personal. Habilidad del líder para potenciar aquellas capacidades de los miembros de la organización necesarias para movilizarse de manera productiva en función de dichas metas. Prácticas coherentes son: desarrollo profesional, atención, incentivos o apoyo, procesos deliberativos que amplíen la capacidad de los miembros para responder mejor a las situaciones.

3. Rediseñar la organización. Establecer condiciones de trabajo que posibiliten al personal un desarrollo de sus motivaciones y capacidades, con prácticas que construyen una cultura colaborativa, faciliten el trabajo en equipo, así como gestionar el entorno. Para eso se han de posibilitar la creación de tiempos comunes de planificación para profesores, establecimiento de estructuras grupales para la resolución de problemas, distribución del liderazgo y mayor implicación del profesorado en la toma de decisiones.

4. Gestionar los programas de enseñanza y aprendizaje. Conjunto de tareas destinadas a supervisar y evaluar la enseñanza, coordinar el currículum, proveer los recursos necesarios y seguir el progreso de los alumnos. Prácticas adecuadas son: supervisar la sala de aula; motivar,

emocionalmente, al profesorado, con actitud de confianza hacia ellos y sus capacidades, promoviendo su iniciativa y apertura a nuevas ideas y prácticas.

Las prácticas de liderazgo han cambiado dramáticamente en las dos últimas décadas, particularmente en contextos de política educativa donde los centros educativos tienen mayor autonomía y, paralelamente, una mayor responsabilidad por los resultados escolares. A medida que el mejoramiento se torna más dependiente de cada establecimiento educacional y éste, con mayores cotas de autonomía, debe dar cuenta de los resultados obtenidos, el liderazgo educativo de los equipos directivos adquiere mayor relevancia. Si bien pueden ser discutibles las formas y usos de la evaluación de establecimientos escolares en función del rendimiento de sus estudiantes, lo cierto es que están incidiendo gravemente en la dirección escolar. Por eso, un liderazgo para el aprendizaje toma como núcleo de su acción la calidad de enseñanza ofrecida y los resultados de aprendizaje alcanzados por los alumnos. De hecho, más allá de resolver los asuntos cotidianos de gestión, los equipos directivos están desarrollando ya nuevas prácticas acordes con las demandas actuales.

A pesar de la importancia, antes resaltada, de la dirección en la mejora de la enseñanza, no queremos caer en atribuir a la dirección factores causales que no le pertenecen. En este sentido, resulta necesario no idealizar el liderazgo; es decir, dejar de proyectar en él lo que debieran ser buenas cualidades para el funcionamiento de la organización, que contribuyan efectivamente en la mejora de una organización.

El liderazgo –como proclaman propuestas ingenuas, en un salto al vacío– no es la solución a todos los problemas, sino parte de ella. De modo paralelo es preciso poner el foco de atención, de un lado, en potenciar el liderazgo del profesor; de otro, las escuelas como comunidades profesionales de aprendizaje efectivas. Se trata, al fin y al cabo, de generar una cultura escolar robusta, con implicación de todos los agentes (incluida la familia y la comunidad), en un proceso educativo. Es eso lo que intensifica el liderazgo. Sin construir un sentido de comunidad que valora el aprendizaje poco lejos puede ir el liderazgo. De esta forma, los retos del liderazgo son:

1. Reconocer a jóvenes: como futuros líderes, sujetos de derechos y actores estratégicos.
2. Enfoque promotor de la participación: ciudadanos con capacidades y fortalezas que el Estado debe impulsar para beneficio actual y futuro de toda la sociedad.
3. Impulsar y apoyar consejos, redes y organizaciones de jóvenes respetando autonomía y diversidad (representación de intereses versus representatividad).
4. La mejor política de liderazgo es, sin duda alguna, el acceso equitativo a la educación de calidad para todas y todos.

G. *Los límites del liderazgo*. Como dice James Payme "*siempre habrá lideres. Es cierto que recelamos de ellos, que examinamos con cuidado sus acciones y que las criticamos, pero estamos conscientes de que su existencia en la organización social es un hecho indiscutible"*[xxviii]. En línea con esto hay que decir que siempre habrán lideres, con capacidades personales y con referentes éticos distintos. Quizá por ello es tan difícil definir el liderazgo. También, los limites del liderazgo son producto de profundo debate. ¿El líder es el responsable del mal desempeño de una organización? Sin duda, pero no es el único factor. ¿Entonces? Desde un punto de vista de la organización, el límite del liderazgo está en la administración. Sin embargo, no vemos motivos para que el concepto de liderazgo esté reñido con el de administrar. Hay varios puntos en común:

1. Administrar es hacer las cosas bien. *¿Cómo puedo hacer mejor ciertas cosas?*

2. Liderar es hacer las cosas correctas. *¿Cuáles son las cosas que quiero realizar?*

La administración, entonces, busca la eficiencia en el ascenso por la escalera del éxito; el liderazgo determina si la escalera está o no apoyada en el lugar correcto. El cambio de paradigma, entonces, es importante.

Paradigma Anterior	Paradigma Actual y Futuro
Exigir obediencia	Lograr compromiso
Centrarse en cifras y tareas	Centrarse en la calidad, el servicio y el cliente
Confrontar y combatir	Colaborar y unificar
Hace hincapié en la independencia	Estimular la interdependencia
Estimula las redes de "viejos camaradas"	Respetar, honrar y respaldar la diversidad

Cambiar por crisis y necesidad	Aprendizaje e innovación continuados
Ser internamente competitivos	Ser globalmente competitivos
Enfoque estrecho: Yo y mi organización	Tener un enfoque amplio: mi comunidad, mi sociedad, mi mundo.

Tabla 8. Cambio de paradigma: liderazgo y administración. Elaboración propia.

Se puede decir que la revisión de está bibliografía ha sido breve. Evidentemente, no son están aquí todos los libros escritos sobre liderazgo. Consideremos esta revisión como una pequeña contribución al debate sobre el liderazgo. En el tema aún hay mucho que decir y revisar. Sin embargo, derivado de esta revisión, podemos decir que los líderes elevan la productividad potencial del grupo, se preocupan de movilizar el mayor número de recursos, maximizan la productividad no realizada y evitan la acumulación de tensiones. Por eso son tan importantes.

VI. El liderazgo del Administrador: guía práctica.

Comunicación Gerencial

Consideraciones preliminares

- ❖ En toda comunidad hay comunicación.

- ❖ Hay diversidad de funciones de acuerdo a la actividad de cada persona.

- ❖ Hay diversos modos de comunicar.

- ❖ Hay diversidad en la información que se debe comunicar.

La Comunicación

- Es el factor productivo por excelencia.

- Cuando hay claridad de objetivos y metas, es necesario comunicarlos.

- Si esto no ocurre:

- Hay incertidumbre.

- Las personas se sienten inseguras.

- Hay estrés.

Tipos de Comunicación Organizacional

1. Formal.

2. Descendente.

3. Ascendente.

4. Horizontal.

Comunicación a los empleados

- Obtenga la información necesaria.

- Desarrolle una actitud positiva hacia la comunicación.

- Desarrolle y mantenga la confianza en sus empleados.

- Desarrolle un plan de comunicación

Necesidades de la Comunicación Descendente

- Instrucciones de Trabajo.

- Retroalimentación del desempeño.

- Noticias

Comunicación Ascendente

- Lo que la persona dice de sí misma, su desempeño y sus problemas.

- Acerca de otras personas y sus problemas.

- Acerca de los usos, prácticas y políticas organizacionales.

- Acerca de lo que es necesario hacer y cómo puede ser hecho.

Necesidades de la Comunicación Ascendente

- Realizar reuniones periódicas con el personal.

- Mantener una política de puertas abiertas.

- Trasponer los umbrales de la oficina.

Comunicación Horizontal

- Fortalece la integración.

- Promueve la colaboración y coordinación entre personas de un mismo nivel.

Estos son los pasos que deberás tener en cuenta para tener éxito en la comunicación.

El Enfoque. Se trata de centrar nuestras intenciones en la comunicación y formular adecuadamente nuestros objetivos y así lograr el compromiso necesario para pasar a la acción.

Crear El Ambiente. El segundo paso consiste en establecer contacto y crear el clima adecuado. Ser flexibles y adaptarnos a nuestro interlocutor; nos proporciona herramientas para variar la forma de hablar, el tono y volumen de la voz, la cadencia y localización de la respiración, los gestos faciales, los movimientos corporales y demás aspectos no verbales presentes en toda comunicación.

Transmitir El Mensaje. Una vez alcanzada la sintonía deseada, cuando el ambiente de confianza ya se ha establecido, el propósito del tercer paso es facilitar la transmisión del mensaje, de manera clara y precisa La utilización de lenguaje asertivo (afirmaciones), permite establecer una conexión directa con nuestro interlocutor. El metamodelo del lenguaje resulta la herramienta más eficaz para profundizar en la comunicación, separando lo trivial de lo fundamental

Provocar La Reacción. Por último, toda comunicación debe finalizar con una llamada a la acción. El resultado de nuestra comunicación debe ser provocar una reacción del interlocutor en la dirección que nos hemos marcado. Es el momento de alinear nuestra propuesta con los valores, motivaciones y creencias de nuestro interlocutor para movilizarle definitivamente a la acción. En el mundo físico, toda acción tiene su reacción.

Metamodelo del Lenguaje. El lenguaje humano es uno de los sistemas más complejos para su estudio. Con el lenguaje no sólo nos comunicamos con los demás sino también con nosotros mismos. Las estrategias que utilizamos para comunicarnos pueden ser automáticas, y espontáneas. La PNL creó un modelo lingüístico para sacar a la luz la estructura profunda o significado de nuestro lenguaje y lo llamó **Metamodelo.**

El Metamodelo es un modelo de un modelo. Meta es más allá (del lenguaje).

El lenguaje es una representación de nuestro mapa del

mundo, de nuestra experiencia.

El **metamodelo** es la representación de una representación, un modelo de un modelo.

Estructura Superficial_(ES): es el lenguaje verbal o escrito. Lo que decimos cuando hablamos o transmitimos cuando escribimos.

La palabra no es la cosa nombrada. Se trata de una representación o conjunto de sonidos, signos y símbolos para codificar la experiencia interna. La palabra "perro" no se parece a un canino, no ladra ni muerde. Sólo lo representa.

A través de las palabras podemos representar experiencias vividas por cualquier sistema representacional. Nuestro lenguaje es un sistema, tiene una estructura, reglas, secuencias de palabras que hace que tengan un sentido y representen un modelo de nuestra experiencia.

La Estructura Profunda (EP): No es consciente. El lenguaje existe en un nivel neurológico muy profundo, es también un sistema de símbolos y frases, pero más complejo y abstracto. Es la representación lingüística completa de la experiencia de una persona.

El lenguaje tiene dos lineamientos básicos:

- La representación lingüística interna.

- La comunicación verbal externa.

La Estructura de Superficie(ES): Es consciente. Son las palabras o conjunto de palabras con su sonido (cuando es hablado) o sus símbolos (cuando es escrito). La diferencia entre la vivencia sensorial concreta (Estructura Profunda) y su traducción lingüística (Estructura de Superficie) radica en que existen **Eliminaciones**, **Generalizaciones** y **Distorsiones**. Son transformaciones que se producen al atravesar nuestros procesos mentales psicológicos.

Objetivos del Metamodelo

- Cambiar aquello sobre lo que focalizamos nuestra atención y como consecuencia modificar nuestros estados internos.

- Volver la atención sobre las partes eliminadas.

- Cambiar los recursos de que disponemos.

- Cuestionar nuestras creencias limitantes

Como dijimos anteriormente en lingüística existen tres grupos de violaciones al lenguaje: **Eliminaciones**, **Generalizaciones** y **Distorsiones**. Se necesita atención y agilidad mental para descubrir los procesos y hacer las preguntas adecuadas.

Eliminaciones: La eliminación es un filtro que permite el acceso a nuestra conciencia de alguna de las incontables afirmaciones que oímos constantemente. Reduce el mundo a dimensiones que nos sentimos capaces de manejar. A través de este proceso prestamos atención de manera selectiva a ciertas dimensiones de nuestra experiencia y a la vez excluimos otras. Es importante en este caso el Metamodelo para ayudar a la persona a recuperar la parte eliminada en su mente respecto de sus capacidades y ayudarla a reunir la información necesaria para encontrar la solución al problema.

Distorsiones: Es el proceso que nos permite hacer cambios en nuestra experiencia de los elementos sensoriales que percibimos. Todas las fantasías, las representaciones del pasado y el futuro, las motivaciones, las creaciones poéticas o artísticas y hasta las fobias se basan en una distorsión del modelo de la realidad. El grado de utilidad de la misma dependerá del contexto donde se genere. Por otro lado, una distorsión nos puede hacer interpretar erróneamente un mensaje o un acontecimiento, atribuyendo a los otros la responsabilidad de lo que nos pasa distorsionando lo que los demás dicen o hacen.

Generalizaciones: A partir de una o varias experiencias el sujeto puede deducir determinadas reglas generales, y hacer evaluaciones que generalmente, en el caso de ser positivas, le permitirá no volver a caer en los mismos errores. Es el proceso a través del cual la persona parte de una experiencia original y llega a representar la categoría total. Las generalizaciones sirven para estructurar nuestra realidad. Las palabras usadas son: **"todos"**, **"siempre"**, **"nunca"**, **"jamás"**, **"nada"**. No hay generalizaciones correctas o incorrectas, pueden ser útiles o no según el contexto.

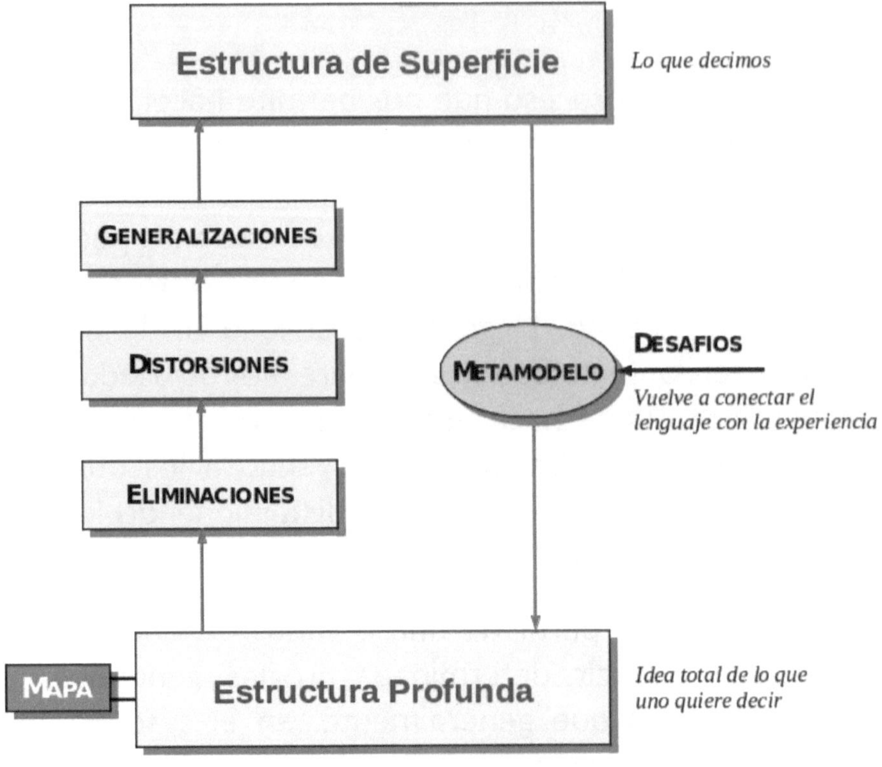

Esquema 1. El metamodelo.

Selecciono información que voy a emitir $\longrightarrow$ ELIMINO O SUPRIMO

Busco versión simplificada $\longrightarrow$ DISTORSIONO

Como es complejo indico excepciones $\longrightarrow$ GENERALIZO

El Metamodelo son preguntas para recuperar la Estructura Profunda y obtener información de alta calidad. Esto se usa cuando no entendemos al otro o cuando el enunciado limita su mapa del mundo.

Liderazgo

6. Definición propia

7. Acorde a nuestras experiencias nos percibimos diferentes

8. ¿El liderazgo es una actitud que puede formarse?

9. ¿Qué relación hay entre el liderazgo y la administración?

Creencias del liderazgo

- El pastor

- El sabiondo

- El fortachón

- El exitoso

- El agradable

Tipo de líder	HABILIDADES
Integrador	✔ Trabaja en equipo, sabe comunicar, delega, motiva induce, miembro responsable que entrena y pone el ejemplo.
Visionario con ideales	✔ Fija objetivos, proyecta, perspectiva holística.
Estrategia	✔ Creativo, analiza, simula, examina variables, está comprometido con el cambio.

Seguro de sí mismo, capaz de afrontar riesgos	✓ Dirige y exige impone valores toma firmes decisiones, es objetivo en la solución de problemas, negocia y maneja. ✓ Conflictos, posee autocontrol.
Partidario del orden y el Control	✓ Organiza su tiempo y su trabajo, controla, verifica, maneja información.

DIRECTORES DE GRUPO VS.	LIDERES DE EQUIPOS
• Cumple objetivos	• Visionario
• Reactivo	• Proactivo
• Se clava	• Facilitador
• Desconfía	• Forma lideres
• Superficial	• Atiende problemas
• Controlador	• Favorece la comunicación
• Ignora conflictos	• Interviene en conflictos
• Dificultad para reconocer	• Reconoce logros
• Modifica acuerdos	• Mantiene compromisos

Como lograr el liderazgo efectivo

- Desarrolla tu sensibilidad hacia la gente

- Identifica tus áreas de oportunidad

- Define un código ético que respetes en cualquier lugar

y situación

- Establece metas alcanzables al corto plazo y ambiciosas al mediano y largo plazo

- Reflexiona sobre tus contribuciones al entorno y el nivel de impacto a lograr

- Y lo más importante: ¡solo hazlo!

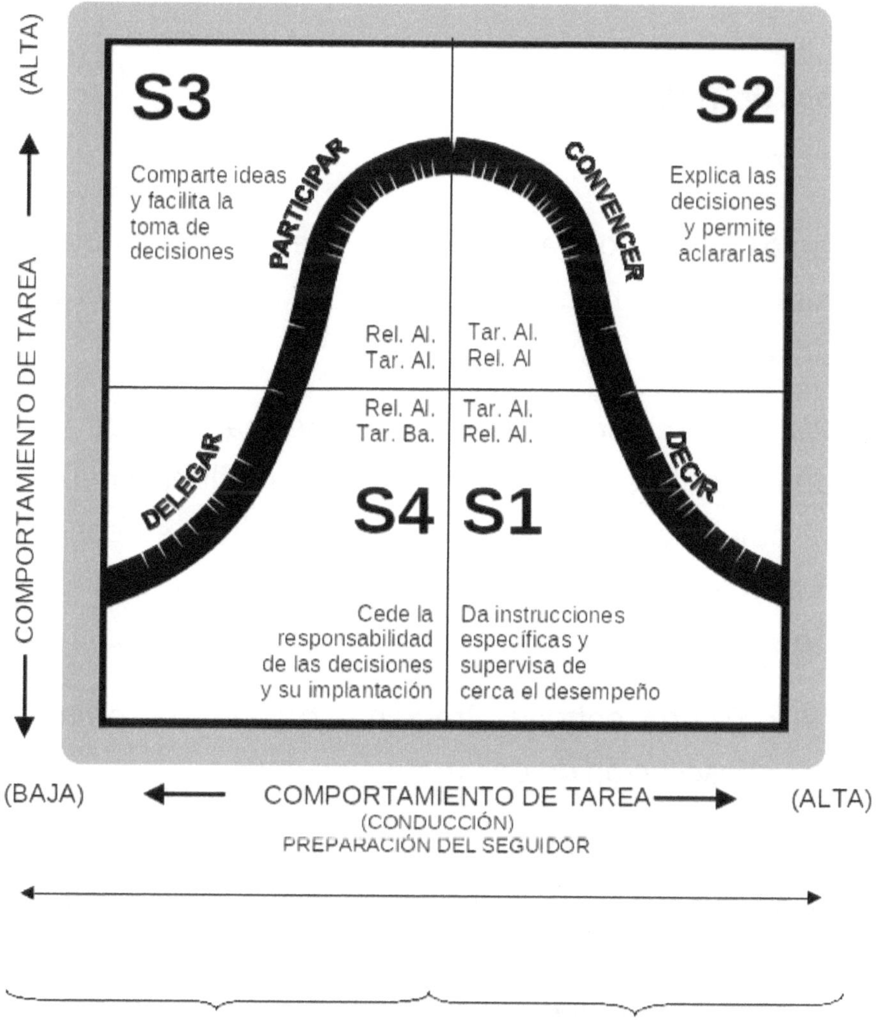

Liderazgo situacional.

Equipos de Trabajo

CONCEPTO

Llamamos "equipo" a un grupo de personas que se necesitan entre sí para lograr un resultado (es decir, en definitiva, que se "embarcan" juntas en una tarea).

GRUPO: A la reunión más o menos permanente de varias personas que interactúan y tienen cierta influencia entre sí con el objeto de lograr ciertas metas y rigen su conducta con base a normas generales y valores que todos han creado.

EQUIPO: Es una entidad altamente organizada, orientada hacia la consecución de una meta en común.

Lo compone un número determinado y reducido de personas que adoptan e intercalan roles y funciones con flexibilidad, de acuerdo a un procedimiento, disponen de habilidades para manejar sus relaciones socio-afectivas, en un clima de respeto y confianza.

PROPIEDADES

El análisis de los grupos y equipos de trabajo como un órgano vivo, requiere de un enfoque sistémico, en donde el impacto que tiene una de las partes, tendrá una fuerza que afectará a las demás.

Lo anterior, demandará de un liderazgo activo, que integre y fortalezca de manera permanente, las actividades que garantizarán su supervivencia y desarrollo y que, podemos identificar, a partir del modelo que se expone en esta misma página, como las propiedades que lo distingan.

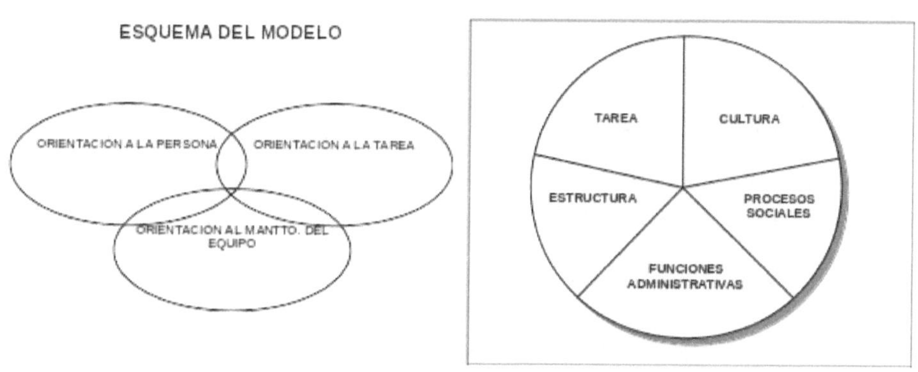

Modelo de análisis de dimensiones de los grupos

Características de los equipos de trabajo de alto desempeño

CONCEPTO

Un equipo de alto rendimiento es un grupo natural de trabajo que realiza una función específica, genera un producto o servicio y que está enfocado a satisfacer o exceder las necesidades y expectativas de su cliente interno y externo.

El equipo ha desarrollado habilidades interpersonales, cuenta con metas compartidas y procesos de trabajo efectivos; además de haber desarrollado habilidades para la solución de problemas.

El equipo monitorea su desempeño constantemente para conseguir resultados libres de errores, sin desperdicio, a bajos costos y con las medidas de seguridad adecuadas.

LA MISION DEL EQUIPO

Todos los equipos, para considerarse como tales, deben tener una misión específica y clara. Se crean para cubrir las necesidades funcionales que le permitan a la empresa satisfacer las necesidades y exigencias del entorno. Esta es la razón de ser del equipo, el porqué y para que existe.

El equipo siempre va a superar al desempeño individual, e inclusive a la suma de los desempeños individuales de un grupo y sus resultados siempre seán más impactantes. Para ello los integrantes deben saber lo que se espera de ellos, conocer e identificarse plenamente con la misión del equipo y desde luego ser afín con sus propios objetivos personales.

Los equipos para su proyección y desarrollo, deben de pasar por etapas las cuales marcan su nivel de eficacia y eficiencia.

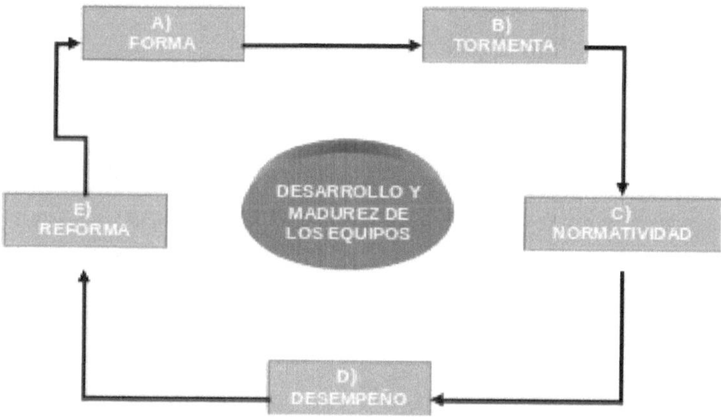

Etapa	Meta
Forma	Cumplimiento del trabajo tal y como fue solicitado.
Tormenta	Cumplimiento mínimo de su trabajo para no parecer ineficiente.
Normatividad	Cumplimiento razonable de su trabajo, realizado dentro de los límites que se les pide.
Desempeño	El valor agregado como parte del trabajo mismo. Si no se les reconoce por los esfuerzos realizados, los miembros tienden a sentirse insatisfechos.
Reforma	Cuidar su desempeño en calidad, cantidad y oportunidad, para superar expectativas de logro tanto personales como de otros.

Etapas de desarrollo de los equipos de trabajo

Para prevenir que el grupo llegue a un estado de

aflojamiento se propone que el líder:

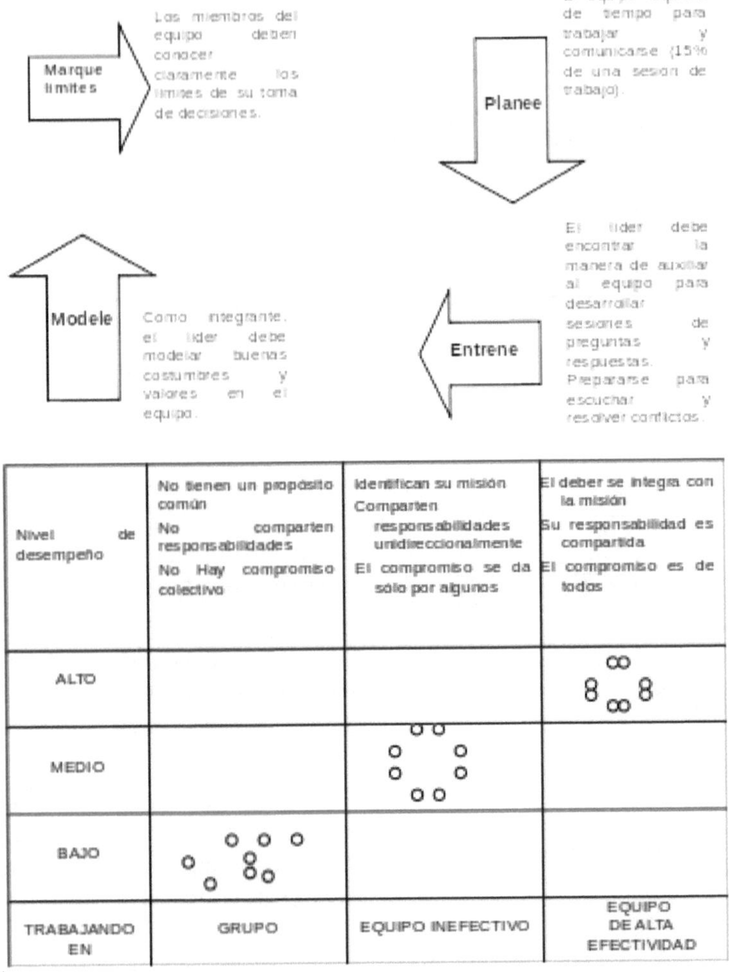

Nivel de desempeño	No tienen un propósito común No comparten responsabilidades No Hay compromiso colectivo	Identifican su misión Comparten responsabilidades unidireccionalmente El compromiso se da sólo por algunos	El deber se integra con la misión Su responsabilidad es compartida El compromiso es de todos
ALTO			
MEDIO			
BAJO			
TRABAJANDO EN	GRUPO	EQUIPO INEFECTIVO	EQUIPO DE ALTA EFECTIVIDAD

El **Centro de Investigación y Análisis Político GALMA** es un organismo de **Publicaciones La Tecla AC** dedicado a brindar asesoría en temas políticos y sociales, proponiendo esquemas de actualización, comunicación y vinculación para facilitar la toma de decisiones en los ámbitos público y privado.

David Martínez (México, 1976), es egresado de la Facultad de Ciencias Políticas y Sociales de la UNAM, donde estudio Ciencia Política y Relaciones Internacionales. Después, estudio la maestría en Estudios Hispánicos y Latinoamericanos en la Fundación Ortega Gasset, en Toledo, España y el doctorado en la Universidad de París (Pantheon).

Pablo Trejo Pérez (México, 1964), es egresado de la Facultad de Contaduría y Administración de la UNAM, donde se graduó con honores en Administración. Es Maestro en Ciencias de la Salud por la Universidad Autónoma de Tlaxcala y Doctor en Administración Pública. Ha sido diputado local y federal por la Ciudad de México.

i Morin, Gaetan (Ed): *Los aspectos humanos de la organización*, ICAP, San José, 1983. Pág. 241.

ii Heifetz, Ronald A: *Liderazgo sin respuestas fáciles*, Paidós, Espa.ña, 1997. Págs. 45-56

iii Idem.

iv Senge, Peter: *La quinta disciplina*, Ediciones Juan Granica, Barcelona, 1990. Pág. 419.

v Idem.

vi Drucker, Peter: *Gerencia para el futuro*, Grupo Editorial Norma, Colombia, 1990. Pág. 116.

vii Senge, Peter: op.cit. Pág. 12.

viii Vega Carballo José Luis: *"Liderazgo político"*, en Diccionario Electoral, IIDH/CAPEL, primera edición, San José, 1989. Pág. 466.

ix Este enfoque tipifica al poder con un carácter más bien fáctico, dado por la fuerza o capacidad de influencia que tiene quien lo detenta, mientras que la autoridad se identifica con la entrega de un mandato, implícito o explícito, el cual está dado y durará mientras el líder represente los intereses de aquellos que le otorgaron la autoridad formal. Esta relación entre poder y autoridad es esencial para la comprensión del liderazgo. Veamos, el Poder no exige inteligencia ni valor: exige fuerza. La Autoridad, en cambio, requiere destrezas especiales o personales, cierto carácter. Muchas veces el liderazgo ha sido visto como una consecuencia de la autoridad, en tanto se entiende que el líder es aquel que detenta la autoridad en el grupo, organización o comunidad de que se trate. En nuestra visión, el liderazgo está dado no sólo por la autoridad conferida sino por el poder efectivo que el líder pueda ejercer. En este sentido el poder es una condición inmanente al liderazgo, quedando al carácter o integridad del líder y a las normas del grupo y organización, el que ese poder sea usado para los objetivos establecidos.

x Weber, Max: Economía y sociedad, Fondo de Cultura Económica, México, 1944. Pág. 708.

xi Ibid. Ver página 197.

xii Vega Carballo, Op. Cit. Pág. 466

xiii Likert, Rensis: *The human organization*, McGRaw-Hill Book, New York, 1967.

xiv Likert, Op Cit.

xv Prats, Joan (1999): *¿Quién se pondrá al frente? Liderazgo para reinventar y* *revalorizar la política.* Tomado del sitio web: http://www.iigov.org/pnud/bibliote/texto/bibl0036.htm

xvi Drucker, Peter. *El liderazgo del futuro.* Ediciones Norma, 1997.

xvii Drucker, Op. Cit, 1997

xviii Goleman, Daniel. Liderazgo con *Inteligencia Emocional*, Paidós. 2008.

xix Goleman, Daniel. Op.cit. 2008.

xx García Osegueda, Jorge, *Liderazgo Evolutivo*, SICAP SC, 2004.

xxi García Osegueda, Jorge, Op. Cit.

xxii También es verdad que las MiPyMEs son la plataforma ideal para generar innovaciones propias de la conjunción de talento emprendedor con una serie de ventajas como flexibilidad y creatividad para llevar nuevos productos y servicios al mercado.

xxiii Rost, Joseph C.: *Leadership for the Twenty-First Century*, Praeger, New York, 1991.

xxiv Rost, Joseph C.: Ibidem, New York, 1991.

xxv Goleman, Daniel. Op.cit. 2008.

xxvi Elmore, R.E. (2000). Building a new structure for school leadership. Washington, DC: Albert Shanker Institute. Disponible en: http://www.shankerinstitute.org/Downloads/building.pdf

xxvii MacBeath, J., Swaffield, S. y Frost, D. (2009). Principled narrative. International Journal of Leadership in Education, 12(3), 223-237.

xxviii Payme, James L. y otros: *Las motivaciones de los políticos*, Editorial Limusa, México, 1990. Pág. 7.

www.ingramcontent.com/pod-product-compliance
Lightning Source LLC
Chambersburg PA
CBHW031918270726
48655CB00006BA/2666